Jacky GIRARDET
C.I.E.P. de Sèvres

Joëlle SCHELLE-MERVELAY

il était...

une petite grenouille

1

illustrations : Catherine MONDOLONI
conception graphique : Pascale MAC AVOY
chansons : Walter ANICE

Cle international
27, rue de la Glacière, 75013 PARIS

Il était une fois une grenouille verte qui connaissait de belles histoires et qui voulait les raconter...

Mais elle avait beau crier « Coâ Coâ ... Coâ Coâ » sur tous les tons et de toutes les façons, personne ne la comprenait. Ni les poissons de la rivière, ni le pêcheur dans sa barque ; ni les amoureux qui l'écoutaient, pourtant, au clair de lune.

Alors, un jour, hop !... elle saute de son nénuphar et décide de parcourir le vaste monde pour apprendre les langues étrangères.

Si tu veux suivre la petite grenouille, elle t'emmènera dans des pays étranges et merveilleux où l'on parle une autre langue que la tienne... Une langue qu'on appelle le français.

Alors, regarde les images, écoute la cassette. Il faudra bien sûr que ton professeur ou tes parents t'expliquent un peu, et même peut-être qu'ils t'expliquent beaucoup. Mais si tu apprends les chansons, si tu essaies de répéter ce que disent les personnages, petit à petit, tu comprendras et bientôt tu pourras parler comme Tourloublanc, comme Lucie et même comme l'horrible Oribilis.

Il était une fois...
UN PAYS BLANC

Tourloublanc !

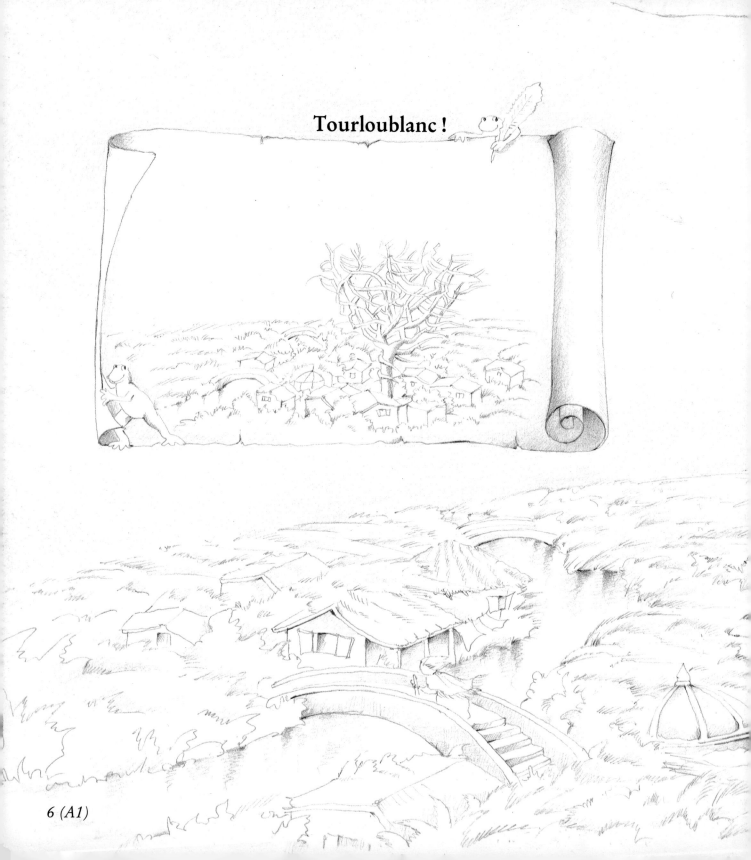

8 (A2)

Le vent appelle Tourloublanc :

« Viens ! »

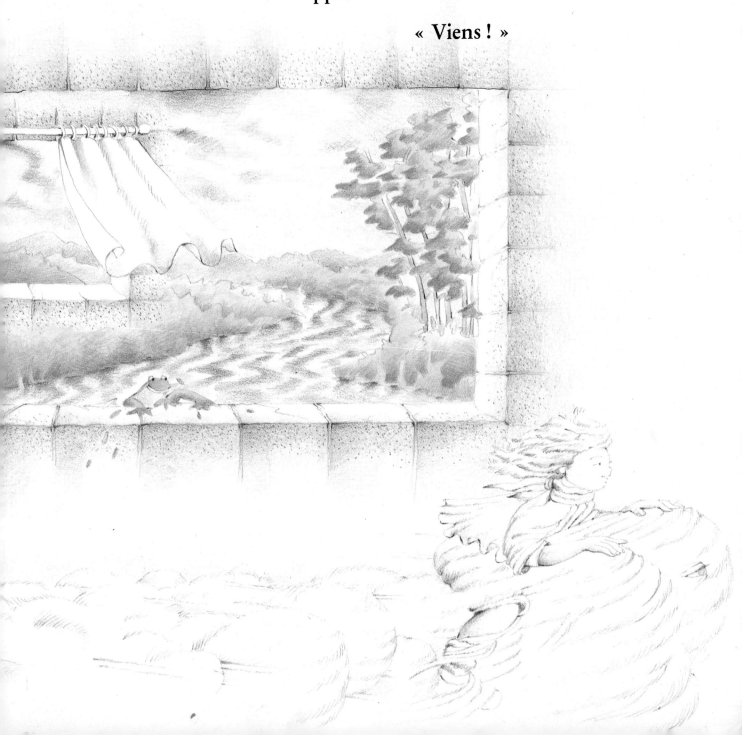

Au pays des couleurs,
il y a des animaux...

Il y a une souris,
   il y a un crocodile.

14 (A5)

L'oiseau noir vole les couleurs.

C'est l'oiseau noir !
Vite ! vite !

« J'ai une plume verte ! »

Tourloublanc revient au pays blanc avec les couleurs.

« Je veux le jaune ! »

Dans le pays blanc,
un village blanc.
Dans le village blanc,
un arbre blanc.
Dans l'arbre blanc,
un enfant.
Dans l'arbre blanc,
l'enfant, c'est Tourloublanc.

Dans la montagne bleue,
une rivière bleue.
Dans la forêt verte,
une grenouille verte.
Une grenouille verte !
Une montagne bleue !
C'est merveilleux !

Au pays des couleurs,
il y a des oiseaux bleus
et un lion jaune.
Au pays des couleurs,
il y a des poissons rouges
et un crocodile vert.
Au pays des couleurs,
il y a des animaux de toutes les couleurs.

Cache, cache, cache-toi !
Un, deux, trois.

Où est Tourloublanc ?
Derrière l'éléphant.
Mais où est l'éléphant ?
Devant la souris.

Mais où est la souris ?
A côté du crocodile.
Mais où est le crocodile ?
Au milieu des poissons.
Mais où sont les poissons ?
Ils sont tous dans la maison.

Qui a volé le rouge ?
C'est lui, le poisson rouge.
Non ! non ! non !
Qui a volé le vert ?
C'est elle, la grenouille verte.
Non ! non ! non !
Ce n'est pas lui. Ce n'est pas elle.
Ce n'est pas toi. Ce n'est pas moi.
Alors, qui est-ce ?

Il était une fois...

UNE MAISON DE MUSICIENS

La maison de Nicolas.

Nicolas joue du piano.

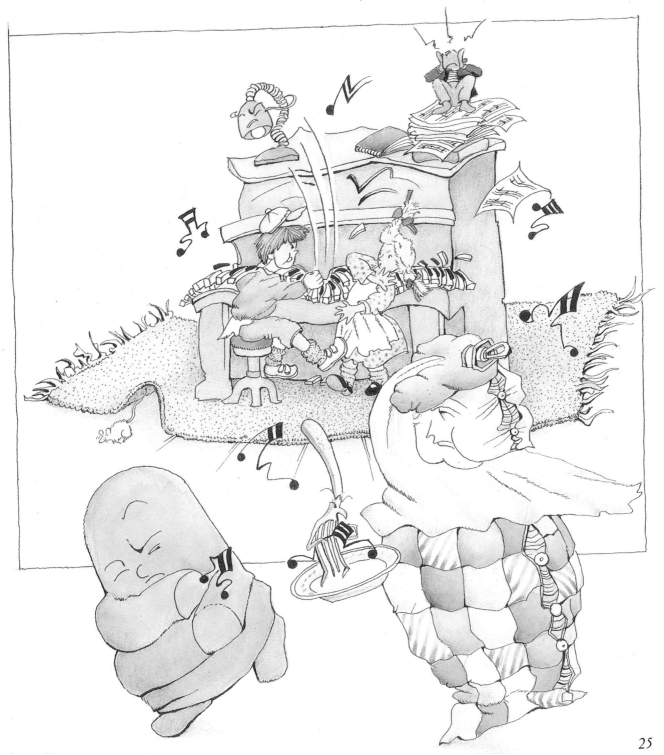

« Écoutez Pauline ! »

Le robinet s'arrête de chanter.
La radio s'arrête de parler.

« Aïe ! Ma tête ! »

Nicolas préfère jouer au ballon.

Le piano est malade.
On appelle le docteur Pipo.

Bou ! Bou ! Bou !
« Qui pleure ?
C'est le bébé ? C'est Pauline ?
— Non. C'est le piano ! »

Ils descendent du grenier avec le piano.

C'est difficile !

« Papa ! Maman ! Nicolas !
Le piano est au milieu du salon ! »

Sur le toit de la maison,
nous jouons du violon.
Son violon fait zig zig.
Ton violon fait zig zig.
Mon violon fait zig zig.

Debout devant la fenêtre,
nous jouons de la trompette.
Sa trompette fait taratata.
Ta trompette fait taratata.
Ma trompette fait taratata.

Assis en rond dans la cour,
nous jouons du tambour.
Ses baguettes font tacatamtam.
Tes baguettes font tacatamtam.
Mes baguettes font tacatamtam.

Je suis seul.
Je suis triste.
Tout est noir.

Ici, je n'ai pas d'amis.
Je n'ai pas de musique.
Je n'ai pas de chanson.
Il n'y a pas de violon,
pas de tambour, pas d'accordéon.

Je voudrais encore jouer.
Je voudrais encore chanter.
Je voudrais encore écouter
la chanson de Pauline.

Je suis le docteur Pipo.
Je répare les pianos.
Piano, piano, écoute-moi !
Parle-moi ! Réponds-moi !

Donnez-lui une goutte d'huile.
Écrivez-lui une chanson.
Et voilà, c'est facile.
Piano ! Piano ! Comment ça va ?

Je suis le docteur Pipo.
Je répare les pianos.
Piano, piano, écoute-nous !
Parle-nous ! Réponds-nous !

Qu'il est lourd !
Qu'il est lourd à porter,
le piano !

Nous venons du grenier.
Nous descendons l'escalier,
avec sur le dos
le piano !

Nous passons par la cuisine
et par la salle à manger,
avec sur le dos
le piano !

Nous passons par la salle de bain
et nous entrons dans le salon,
avec sur le dos
le piano !

En avant la musique
des jours de la semaine.
Lundi marche devant,
rantaplan.
Mardi joue de la trompette,
mercredi du violon,
jeudi de l'accordéon.
Vendredi et samedi
chantent la chanson de dimanche.

Il était une fois…
UN COUCOU DANS LA PENDULE

« Lucie ! Tu n'es pas couchée ! »

Toutes les nuits, Lucie écoute Monsieur Lampion.

Lucie cherche Monsieur Lampion dans la ville.

« Va au marché ! » dit le marchand de chapeaux.

46 (C3)

« Lucie ! Ne va pas avec Oribilis !
Regarde sa tête ! »

Mais Oribilis emmène Lucie dans sa maison...
dans son horrible maison.

Chez Oribilis le méchant
il ne faut pas parler,
il ne faut pas chanter,
il ne faut pas rire,
il ne faut pas pleurer.
Il faut pédaler, pédaler, pédaler...

49 (C4)

« Il est quatre heures...
Il est cinq heures...
La clé est cachée dans le placard. »

« Attention ! »

« Où habite
Monsieur Lampion ? »

Oribilis ne bouge pas.

La maison de Monsieur Lampion est sur la montagne.
Mais Monsieur Lampion n'est pas là.

Il est sur la plage.   **Écoutez la chanson !**

Petit enfant,
écoute ma chanson.
Tout doucement
ferme les yeux.
Écoute ma chanson
et bonne nuit.

Dans la ville tranquille,
on n'entend pas de bruit.
Dans l'arbre du jardin,
l'oiseau s'est endormi.

L'étoile se promène
au-dessus de ton lit.
Regarde ! Elle t'emmène
dans le bleu de la nuit.

Monsieur Lampion est en retard.
Appelez-le ! Cherchez-le !
Sa chanson de tous les soirs,
chantez-la ! Répétez-la !
Monsieur Lampion est en retard.

Une tête grosse, grosse
comme une pastèque.
Un nez gros, gros
comme une pomme de terre.
Des cheveux longs, longs
comme des spaghettis.
Des dents longues, longues
comme des carottes.
Des yeux ronds, ronds
comme des citrons.
C'est Oribilis,
l'horrible Oribilis.

Chez Monsieur Oribilis
il ne faut pas parler. C'est interdit.
Il ne faut pas chanter. C'est interdit.
Il ne faut pas rire. C'est interdit.
Il ne faut pas pleurer. C'est interdit.
Il faut pédaler.
Se taire et pédaler
pour faire marcher
la machine du temps,
chez Oribilis, le méchant.
Chez Monsieur Oribilis

Oribilis ! Oribilis !
Est-ce que tu es mort ?
Est-ce que tu dors ?

Passe sous ses jambes.
Passe devant lui.
Et tire sa moustache.
Passe derrière lui.
Saute sur son ventre !
Et tire ses cheveux.

CHANSON DE LA PETITE GRENOUILLE.

Je suis une petite grenouille.
Toujours, toujours en vadrouille...

Ouvrez le livre d'images
et tournez, tournez les pages.
Regardez bien, je suis là.
Écoutez et suivez-moi.

Je saute avec Tourloublanc,
danse avec les éléphants.
Les poissons et les souris,
les lions sont mes amis.

Avec le docteur Pipo,
je répare les pianos.
Je joue de l'accordéon,
du tambour et du violon.

Dans la ville avec Lucie,
je cherche Monsieur Lampion.
Mais il faut faire attention
à l'horrible Oribilis.

Dans la cassette :
La chanson de la petite grenouille est un commentaire des trois contes, couplet par couplet.
C'est à la fois l'introduction de l'enregistrement et la transition d'un conte à l'autre.
La totalité du contenu de la cassette est transcrite dans les pages suivantes.

(A1) Dans le pays blanc,
un village blanc.
Dans le village blanc,
un arbre blanc.

Dans l'arbre blanc,
un enfant.
Dans l'arbre blanc,
l'enfant, c'est Tourloublanc.

UN GARÇON : Qui est-ce ?
UNE FILLE : C'est Tourloublanc.
LE GARÇON : Bonjour, Tourloublanc !
UN HOMME : Regarde dans l'arbre !
UNE FEMME : C'est un enfant. Comment il s'appelle ?
L'HOMME : Il s'appelle Tourloublanc.
L'HOMME et LA FEMME : Eh ! Oh ! Bonjour Tourloublanc !

Attention ! Voici le grand vent !

(A2) LE VENT : Bonjour, Tourloublanc ! Je suis le vent.
TOURLOUBLANC : Bonjour, Monsieur le vent.
LE VENT : Tourloublanc, je vais au pays des couleurs.
TOURLOUBLANC : Au pays des couleurs !
LE VENT : Oui, au pays des couleurs. Tu viens ?

LE VENT : Tourloublanc, tu vois la porte ?
TOURLOUBLANC : Oui, Monsieur le vent.
LE VENT : Ouvre !
LE VENT : Tourloublanc, tu vois le grand escalier ?
TOURLOUBLANC : Oui, Monsieur le vent.
LE VENT : Monte !
LE VENT : Tu vois la petite chambre ?
TOURLOUBLANC : Oui, Monsieur le vent.
LE VENT : Entre !
LE VENT : Tourloublanc, tu vois la petite fenêtre ?
TOURLOUBLANC : Oui, Monsieur le vent.
LE VENT : Regarde !

Dans la montagne bleue,
une rivière bleue.
Dans la forêt verte,
une grenouille verte.

Une grenouille verte !
Une montagne bleue !

C'est merveilleux !

Le vent emporte Tourloublanc...

(A3) *... et Tourloublanc tombe dans le pays des couleurs.*

Au pays des couleurs,
il y a des oiseaux bleus
et un lion jaune.
Au pays des couleurs,
il y a des poissons rouges

et un crocodile vert.

Au pays des couleurs,
il y a des animaux
de toutes les couleurs.

(A4) LA GRENOUILLE : Tourloublanc ! Tourloublanc ! Viens avec nous !
L'ÉCUREUIL : Allez ! Saute avec moi ! Hop ! Hop !
LES LAPINS : Danse avec nous !

Cache, cache, cache-toi !
Un, deux, trois.

Où est Tourloublanc ?
Derrière l'éléphant.
Mais où est l'éléphant ?
Devant la souris.

Mais où est la souris ?
A côté du crocodile.
Mais où est le crocodile ?
Au milieu des poissons.

Mais où sont les poissons ?
Ils sont tous dans la maison.

(A5) *Mais voilà l'oiseau noir... Oh ! La belle salade ! Et pique. Et pique. L'oiseau noir prend le vert. Oh ! Le beau champignon ! Et pique. Et pique. L'oiseau noir prend le rouge. Et pique. Et pique. Il prend le bleu. Il prend le jaune. Il prend toutes les couleurs.*
Tourloublanc et les animaux reviennent.

LA GRENOUILLE : Où sont les couleurs ?
LA SOURIS : Sous la patte de l'éléphant ? Non.
LE CHAT : Sur la tête du lion ? Non.
UN LAPIN : Dans la bouche du crocodile ? Non.
LA GRENOUILLE : Derrière la queue de l'écureuil ? Non.

(A6) Qui a volé le rouge ?
C'est lui, le poisson rouge.
Non ! non ! non !
Qui a volé le vert ?
C'est elle, la grenouille verte.
Non ! non ! non !

Ce n'est pas lui.
Ce n'est pas elle.
Ce n'est pas toi.
Ce n'est pas moi.

Alors, qui est-ce ?

TOURLOUBLANC : Regardez ! C'est l'oiseau noir !
Vite, vite ! L'oiseau noir entre dans la maison... et une plume jaune tombe. Vite, vite ! L'oiseau noir monte dans l'arbre... et une plume rouge tombe. Vite, vite ! Il s'envole... et toutes les couleurs tombent.
LA GRENOUILLE : J'ai une plume bleue !

L'ÉCUREUIL : Moi, j'ai une plume verte !

TOURLOUBLANC : Voilà ! Nous avons toutes les couleurs...

Au revoir, grenouille ! Au revoir, crocodile !

———————

(A 7) *Et Tourloublanc revient au pays blanc.*

LA FILLE : Tiens ! Voilà Tourloublanc !

LE GARÇON : Oh ! Il a les couleurs !

TOURLOUBLANC : Oui, je viens du pays des couleurs.

Regardez ! J'ai du jaune, du rouge, du bleu, du vert...

LE PÊCHEUR : Moi, je prends du bleu.

LE MARCHAND
DE CITRONS : Du jaune, s'il vous plaît.

TOURLOUBLANC : Voilà du bleu... voilà du jaune.

LE PÊCHEUR
et LE MARCHAND : Merci, Tourloublanc.

LE MARCHAND
DE BALLONS : Moi, je veux toutes les couleurs.

Et voilà l'histoire de Tourloublanc...
Mais non ! Ce n'est pas Tourloublanc !
C'est Tourloubleu, Tourlourouge, Tourloujaune,
Tourlouvert.
C'est Tourlou... de toutes les couleurs !

═══════════════════════════════

IL ÉTAIT UNE FOIS... UNE MAISON DE MUSICIENS

(B 1) Sur le toit de la maison,
nous jouons du violon.
Son violon fait zig zig.
Ton violon fait zig zig.
Mon violon fait zig zig.

Debout devant la fenêtre,
nous jouons de la trompette.
Sa trompette fait taratata.
Ta trompette fait taratata.
Ma trompette fait taratata.

Assis en rond dans la cour,
nous jouons du tambour.
Ses baguettes font tacatamtam.
Tes baguettes font tacatamtam.
Mes baguettes font tacatamtam.

Nous sommes dans la maison de Pauline et de Nicolas.
Nicolas a un piano. Écoutez...

LE FAUTEUIL : Aïe, j'ai mal au bras !

LA FOURCHETTE : Ouille, j'ai mal aux dents ! Et toi, le lit, tu n'as pas mal aux pieds ?

LE LIT : Non, mais j'ai mal à la tête.

LA GRENOUILLE : Moi, j'ai mal aux oreilles !

PAULINE : Nicolas, je voudrais jouer du piano...

NICOLAS : Non, ce n'est pas ton piano !

PAULINE : Allez, Nicolas, laisse-moi jouer !

NICOLAS : Non. C'est mon piano !

(B 2) PAULINE : Grand-mère, je peux jouer ?

LA GRAND-MÈRE : Bien sûr, Pauline.
Tu peux jouer.
Mais doucement, doucement...

Et Pauline commence à jouer. Alors dans la

maison... Le lit s'arrête de crier, la machine à laver s'arrête de tourner, le robinet s'arrête de chanter, la radio s'arrête de parler et tout le monde écoute.

LE LIT : Que c'est joli !

LE FAUTEUIL : Qu'elle joue bien !

LA GRENOUILLE : Qu'elle chante bien !

———————

(B 3) *Mais voici Nicolas avec son professeur.*

LE PROFESSEUR : Allez, Nicolas, répète !... Non, ce n'est pas bien... Répète encore !... Encore !... Encore une fois.

NICOLAS : Monsieur, je ne veux pas jouer.

LE PROFESSEUR : Quoi ! Qu'est-ce que tu dis ?

NICOLAS : Je n'aime pas le piano. Je préfère le football.

LE PROFESSEUR : Hein ! Quoi ! Et tu me dis ça à moi, le grand professeur Trompette ? Tiens ! Répète ta leçon cinq fois ! Non, dix fois !

NICOLAS : Je déteste le piano.

Bien sûr, le lit, le fauteuil et la chaise ne sont pas contents.

TOUS : Aïe, ma tête ! Aïe, mon dos ! Aïe, mes dents !

Et le piano, lui ? Eh bien le piano, il a mal aux dents, il a mal aux pieds, il a mal au dos. Il a mal partout. Alors il s'arrête de jouer.

LE PIANO : Voilà ! La musique, c'est fini !

(B4) NICOLAS : Papa, je ne peux pas jouer !
LE PÈRE : Quoi ! Qu'est-ce qu'il y a ?
NICOLAS : Maman ! Grand-mère ! Venez vite !
TOUS : Qu'est-ce qu'il y a ?
LE PROFESSEUR : Le piano est malade.
TOUS : Le piano est malade !
LE PÈRE : Appelez le docteur Pipo !

Je suis le docteur Pipo.
Je répare les pianos.
Piano, piano, écoute-moi !
Parle-moi ! Réponds-moi !

Donnez-lui une goutte d'huile.
Écrivez-lui une chanson.

Et voilà, c'est facile.
Piano ! Piano !
Comment ça va ?
Je suis le docteur *Pipo*.
Je répare les pianos.
Piano, piano, écoute-nous !
Parle-nous ! Réponds-nous !

Mais le piano ne répond pas.

(B5) *C'est le soir ; les enfants sont dans leur chambre.*
Les parents montent le piano au grenier.
LA GRENOUILLE : Vous entendez ?
LE FAUTEUIL : Non, je n'entends pas.
LA GRENOUILLE : Mais si ! Écoutez bien.
LA CHAISE : Ah, oui ! C'est le bébé ?
LA GRENOUILLE : Non. C'est le piano. Il pleure.
LE PIANO : Couteau ! Fourchette ! Cuillère ! Fauteuil ! Chaise ! Tapis ! Et toi, petite grenouille ! Ne laissez pas votre ami !

Je suis seul.
Je suis triste.
Tout est noir.
Ici, je n'ai pas d'amis.
Je n'ai pas de musique.
Je n'ai pas de chanson.
Il n'y a pas de violon,

pas de tambour,
pas d'accordéon.
Je voudrais encore jouer.
Je voudrais encore chanter.
Je voudrais encore écouter
la chanson de Pauline.
Tout est noir.

(B6) LE FAUTEUIL : Je veux aider notre piano.
LA FOURCHETTE : Moi aussi.
LE FAUTEUIL : Je monte au grenier.
LA FOURCHETTE : Moi aussi.
LE COUTEAU : Je monte aussi.
LA GRENOUILLE : Ne pleure pas, piano ! Nous voilà !

Qu'il est lourd !
Qu'il est lourd à porter,
le piano !
Nous venons du grenier.
Nous descendons l'escalier,
avec sur le dos
le piano !
Nous passons par la cuisine

et par la salle à manger,
avec sur le dos
le piano !
Nous passons
par la salle de bain
et nous entrons dans le salon,
avec sur le dos
le piano !

(B7) *Le matin, tout le monde est dans le jardin.*
NICOLAS : Papa ! Maman ! Le piano est au milieu du salon !
LE PÈRE : Je ne comprends pas.
LA GRAND-MÈRE : Moi, je comprends. Pauline, s'il te plaît, joue du piano.

Et voilà ! Maintenant, tout le monde est content. Finis le mal au dos, le mal aux dents et le mal aux pieds. Nicolas peut enfin jouer au ballon. Et Pauline, elle, peut enfin jouer du piano.

En avant la musique
des jours de la semaine.
Lundi marche devant,
rantaplan.
Mardi joue de la trompette,

mercredi du violon,
jeudi de l'accordéon.
Vendredi et samedi
chantent la chanson
de dimanche.

IL ÉTAIT UNE FOIS... UN COUCOU DANS LA PENDULE

(C1) *Écoutez le coucou... Il est dix heures et Lucie n'est pas couchée.*
LA MAMAN : Comment, Lucie ! Tu n'es pas couchée ?
LUCIE : Mais maman, je lis.
LA MAMAN : Allez, vite ! Mets ton pyjama !
LUCIE : Maman, je peux lire encore ?
LA MAMAN : Non ! C'est l'heure de dormir. Allez ! Bonne nuit.

Mais Lucie ne dort pas. Elle attend Monsieur Lampion. Tous les soirs Monsieur Lampion passe dans la rue avec sa petite lampe. Il chante doucement. Les enfants écoutent. Et puis, ils s'endorment contents. Chut ! Voilà Monsieur Lampion.

Petit enfant,
écoute ma chanson.

Tout doucement
ferme les yeux.

Écoute ma chanson
et bonne nuit.
Dans la ville tranquille,
on n'entend pas de bruit.
Dans l'arbre du jardin,
l'oiseau s'est endormi.
L'étoile se promène
au-dessus de ton lit.
Regarde ! Elle t'emmène
dans le bleu de la nuit.

_____

(C2) *La nuit d'après, Lucie attend encore Monsieur Lampion. Mais Monsieur Lampion ne vient pas.*

Monsieur Lampion est en retard.
Appelez-le ! Cherchez-le !
Sa chanson de tous les soirs,
chantez-la ! Répétez-la !
Monsieur Lampion est en retard.

Alors, le matin, Lucie ne va pas à l'école. Elle cherche Monsieur Lampion.

LUCIE : Pardon, Monsieur le Policier, où est la maison de Monsieur Lampion ?

LE POLICIER : Prends l'autobus. Va à la gare. Demande au marchand de bonbons.

LUCIE : Pardon, marchand de bonbons, où est la maison de Monsieur Lampion ?

LE MARCHAND
DE BONBONS : Prends le train. Va au village des trois rivières. Demande au marchand de chapeaux.

LUCIE : Pardon, marchand de chapeaux, où est la maison de Monsieur Lampion ?

LE MARCHAND
DE CHAPEAUX : Prends mon âne. Va au marché. Demande à la marchande de fleurs.

_____

(C3) *Lucie arrive au marché.*

LA GRENOUILLE : Non, Lucie, la marchande de fleurs ne travaille pas aujourd'hui. Reviens demain.

ORIBILIS : Qu'est-ce que tu cherches, petite fille ?

LUCIE : Je cherche Monsieur Lampion.

ORIBILIS : Viens avec moi !

LA GRENOUILLE : Petite Lucie, tu ne peux pas aller avec Oribilis. Regarde sa tête, regarde ses cheveux, regarde ses yeux.

Une tête grosse, grosse
comme une pastèque.
Un nez gros, gros
comme une pomme de terre.
Des cheveux longs, longs
comme des spaghettis.
Des dents longues, longues
comme des carottes.
Des yeux ronds, ronds
comme des citrons.
C'est Oribilis,
l'horrible Oribilis.

_____

(C4) *Mais Oribilis n'emmène pas Lucie chez Monsieur Lampion. Il l'emmène chez lui, dans sa maison, dans son horrible maison.*

Chez Monsieur Oribilis
il ne faut pas parler. C'est interdit.
Il ne faut pas chanter. C'est interdit.
Il ne faut pas rire. C'est interdit.
Il ne faut pas pleurer. C'est interdit.
Il faut pédaler.
Se taire et pédaler
pour faire marcher
la machine du temps,
chez Oribilis, le méchant.
Chez Monsieur Oribilis

_____

Eh oui ! Les enfants ne peuvent pas sortir. La porte est fermée à clé et Oribilis cache bien la clé.

_____

(C5) *Vous voyez la maison du coucou ? Eh bien, de là-haut, le coucou voit tout. Un jour, Oribilis cache la clé de la porte sur le placard. Le coucou voit tout. Mais un coucou, ça sort et ça rentre très vite. Ça ne peut pas parler longtemps.*

LE COUCOU : ... Il est une heure. La clé...

UN ENFANT : La clé ? Quelle clé ? Coucou, dis vite !

LE COUCOU : ... Il est deux heures. La clé est cachée...

UN ENFANT : Où elle est cachée ? Coucou, dis vite !

LE COUCOU : ... Il est trois heures. La clé est cachée dans une boîte...

UN ENFANT : Quelle boîte ? Coucou, dis vite !

LE COUCOU : ... Il est quatre heures. La clé est cachée dans une boîte, sur le placard...

UN ENFANT : Quel placard ? Coucou, dis vite.

LUCIE : Il faut attendre cinq heures.

MARIE : Mais à cinq heures, Oribilis se réveille !

LE COUCOU : ... Il est cinq heures. La clé est cachée dans une boîte, sur le placard de la cuisine.

LUCIE : Vite ! A la cuisine !

Attention, les enfants ! A cinq heures, Oribilis se réveille.

UN ENFANT : Vite ! Attrapez la clé !
MADAME ORIBILIS : Dépêche-toi, Oribilis ! C'est l'heure !
ORIBILIS : Je me lève.
LUCIE : Il se lève.
UN ENFANT : Vite ! Attrapez-la !
MADAME ORIBILIS : Dépêche-toi, Oribilis ! C'est l'heure !
ORIBILIS : Je me lave.
LUCIE : Il se lave.
UN ENFANT : Vite ! Attrapez-la !
MADAME ORIBILIS : Dépêche-toi, Oribilis ! C'est l'heure !
ORIBILIS : Je m'habille.
LUCIE : Il s'habille.
UN ENFANT : Vite ! Attrapez-la !
MADAME ORIBILIS : Dépêche-toi, Oribilis ! C'est l'heure !
ORIBILIS : Je me regarde dans la glace.
LUCIE : Il se regarde dans la glace.
ORIBILIS : Voilà. Je suis prêt. J'arrive.
LUCIE : Dépêchez-vous. Il arrive.

C6) *Et patatras ! La montagne d'enfants tombe sur Oribilis.*

Oribilis ! Oribilis !
Est-ce que tu es mort ?
Est-ce que tu dors ?
Passe sous ses jambes.
Passe devant lui.

Et tire sa moustache.
Passe derrière lui.
Saute sur son ventre.
Et tire ses cheveux.

LUCIE : Tu connais Monsieur Lampion ?
MARIE : Monsieur Lampion ? Oui.
LUCIE : Tu connais sa maison ?
MARIE : Oui.

LUCIE : C'est près d'ici ?
MARIE : Non, c'est très loin. Tu vois la montagne, là-bas ?
LUCIE : Oui.
MARIE : Eh bien, il habite en haut de la montagne.
LUCIE : On y va ?
MARIE : On y va.

(C7) *Lucie et Marie arrivent en haut de la montagne.*

MARIE : Voilà, il habite ici. Toc, toc, toc... Il y a quelqu'un ? Il y a quelqu'un ?...
LUCIE : Il n'y a personne. Il n'est pas là.
MARIE : Regarde. Il y a un papier sur la porte.
LUCIE : Tu sais lire ?
MARIE : Ben... pas très bien.
LUCIE : Donne ! Je sais lire, moi. « Je suis en vacances au bord de la mer. »
MARIE : Il est en vacances ?
LUCIE : Oui, au bord de la mer.
MARIE : On y va ?
LUCIE : On y va.

Et voilà ! Lucie et Marie prennent le train, puis l'autobus. Elles arrivent au bord de la mer. Monsieur Lampion est sur la plage. Il se repose.

LUCIE : Monsieur Lampion, vous laissez vos enfants. Ce n'est pas gentil. Comment faire pour s'endormir le soir ?
MARIE : Comment faire sans Monsieur Lampion ?
LUCIE : Comment faire sans sa douce chanson ?

Alors, Monsieur Lampion ouvre son sac. Il sort deux petites boîtes.

M. LAMPION : Ce sont des boîtes à musique. Prenez-les. Posez-les à côté de votre lit. Pour vous endormir, tournez la petite clé et écoutez la musique.

Lucie tourne la petite clé. Écoutez... Et les deux petites filles, très fatiguées, très fatiguées, s'endorment sur la plage.

63

Imprimerie Tardy Quercy S.A. à Bourges - Nº d'éditeur : 10002852-V-(64)-(Aa.c.VII) C - Imprimé en France - Février 1991 - Nº 16413